BEI GRIN MACHT SICH IHR WISSEN BEZAHLT

AF151814

- Wir veröffentlichen Ihre Hausarbeit, Bachelor- und Masterarbeit

- Ihr eigenes eBook und Buch - weltweit in allen wichtigen Shops

- Verdienen Sie an jedem Verkauf

Jetzt bei www.GRIN.com hochladen und kostenlos publizieren

Linnéa Keilonat

Evangelische Erwachsenenbildung in der DDR

Friedensethische Bildungsarbeit und Bildungsreformbewegung

GRIN Verlag

Bibliografische Information der Deutschen Nationalbibliothek:

Die Deutsche Bibliothek verzeichnet diese Publikation in der Deutschen National-
bibliografie; detaillierte bibliografische Daten sind im Internet über http://dnb.d-
nb.de/ abrufbar.

Impressum:

Copyright © 2011 GRIN Verlag GmbH
Druck und Bindung: Books on Demand GmbH, Norderstedt Germany
ISBN: 978-3-656-50792-5

Dieses Buch bei GRIN:

http://www.grin.com/de/e-book/262234/evangelische-erwachsenenbildung-in-der-
ddr

GRIN - Your knowledge has value

Der GRIN Verlag publiziert seit 1998 wissenschaftliche Arbeiten von Studenten, Hochschullehrern und anderen Akademikern als eBook und gedrucktes Buch. Die Verlagswebsite www.grin.com ist die ideale Plattform zur Veröffentlichung von Hausarbeiten, Abschlussarbeiten, wissenschaftlichen Aufsätzen, Dissertationen und Fachbüchern.

Besuchen Sie uns im Internet:

http://www.grin.com/

http://www.facebook.com/grincom

http://www.twitter.com/grin_com

Humboldt-Universität   **WS 2010/11**

Philosophische Fakultät IV

Lehrstuhl für Erwachsenenbildung/Weiterbildung

Seminararbeit/Referatsausarbeitung im Rahmen des Seminars

„Weiterbildung in der DDR"

zum Thema:

**„Evangelische Erwachsenenbildung in der DDR - Friedensethische
Bildungsarbeit und Bildungsreformbewegung"**

Verfasserin: Linnéa Keilonat

Studiengang: Erwachsenenpädagogik/ Lebenslanges Lernen

MA

1. Fachsemester

Eingereicht im März 2011

Inhaltsverzeichnis

1. Einleitung

Die Friedensbewegung in der DDR ist keine, von einer einzigen Organisation losgetretene oder geleitete Bewegung gewesen, sondern ein Geflecht aus verschiedensten Gruppen, die durch die gleiche Motivation angetrieben waren. Der Begriff „Friedensbewegung" ist ans ich schon von Außen zugeschrieben. (http://www.friedenspaedagogik.de/themen/vormilitaerische_erziehung_in_der_ddr/fri edensarbeit (29.03.2011)). Nichts desto trotz spielte die evangelische Kirche in ihr eine entscheidenden Rolle. Angetrieben in den 70er Jahren durch die Einführung eines verpflichtenden Wehrdienstes, organisierten Angehörige der evangelischen Kirchen Seminare, Gruppen und Friedensdekaden, die eine breite Öffentlichkeit erreichte. Durch die zum gewissen Teil geschützten Räumlichkeiten der Kirche, ihre Organisationsstruktur, Vernetztheit und Erwachsenenbildungsmöglichkeiten, bot sie Möglichkeiten einer politischen Friedensarbeit für Anti-Kriegsbewegung, angesichts der drohenden Gefahr einer internationalen atomaren Wettrüstung.
„Es war die Staatsführung der DDR selbst, die 1978 in einem Grundsatzgespräch mit der Leitung des Bundes der Evangelischen Kirchen in der DDR durch die Gewährung größerer Spielräume für die Kirchen eine wichtige Voraussetzung für diese Entwicklung geschaffen hatte." (http://www.friedenskooperative.de/ff/ff01/4-61.htm. 29.03.2011). Dem repressiven DDR Staat und seinen Versuchen der Intriganz zum trotz, schaffte es die Friedensbewegung innerhalb der gebotenen Grenzen, bildungspolitisch aktiv zu bleiben und damit auch einen nicht unerheblichen Teil zum Umsturz des DDR-Regimes beizutragen.

2. XII Friedensethische Bildungsarbeit

2.1. Protestantische Friedensbildung

Ab Mitte der 70er Jahre stellten Jugend- und Erwachsenenbildner in den protestantischen Kirchen „dem staatlichen, primär politisch ausgerichteten Erziehungskonzept alternative Friedenspädagogische Ansätze entgegen", die zunächst nur der innerkirchlichen Jugend- und Friedensarbeit dienen sollten, aber letztendlich als Alternative zur offiziellen staatlichen Friedenspolitik und –erziehung, insbesondere zur Wehrerziehung, angelegt waren". (Rothe 1999, S. 291). Die protestantische Kirche hatte, wie auch die katholische Kirche, keinen politisch wichtigen Einfluss in der DDR. Da Religion an sich eine untergeordnete Rolle spielte und höchstens Privatsache war, ist es schon beachtlich, wie groß ihr Einfluss in der Friedensbildung der DDR war. In Zeiten des kalten Krieges war sie es aber, die Verbindungen zur friedenspädagogischen Diskussion in der BRD hielt und sich um ständige Entwicklung des gesamtkirchlichen Studien- und Aktionsprogrammes zu einem „Rahmenkonzept Erziehung und Frieden" einsetzte. Diese Entwicklung entzündete sich maßgeblich an der Einführung des obligatorischen Wehrunterrichts und der sogenannten freiwilligen Militärlagern in den neunten Klassen der allgemeinbildenden Schulen 1978. Besonderer Überlegenheitsfaktor der evangelischen Friedenserziehung und -elternbildung gegenüber der nach Vernichtungspotenzialen und Feindbildmechanismen laufenden Propaganda der staatlichen Erziehungseinrichtungen, war die Einbeziehung der individuellen Konfliktebenen der Beteiligten. Um der Militarisierung und seinen Folgen entgegenzuwirken, setzte sich eine Arbeitsgruppe aus Landeswarten (Jungmännervereinen), Landesjugendpfarrern, Konsistorien des Bundes der evangelischen Kirchen in der DDR und den evangelischen Freikirchen zusammen. Es wurde ein Leitfaden zur Seelsorgerischen Beratung in Fragen des Wehrdienstes und zur Frage der Führung eines Krieges mit atomaren Waffen entworfen.

2.1.1. Friedensdekade

Anfang der 80er Jahre wurden angesichts der atomaren Aufrüstung in Ost und West, Konferenzen der Studenten- und Jugendkonferenz in Budapest und eine Vollversammlung des ökumenischen Jugendrates in Europa (EYCE) in Oslo veranstaltet, an denen auch Mitglieder der evangelischen Kirche aus der DDR partizipierten. Die dort entwickelten Impulse Friedenswochen zu veranstalten, wurden aufgegriffen und bald wurden im gesamten Raum der DDR gemeinsame Friedenstage für die Jugendarbeit angeboten.. Da sie regen Zulauf auch von nicht Kirchenmitgliedern bekamen, initiierte und plante die evangelische Jugendarbeit bald jährliche Friedensdekaden. (vgl. Rothe 1999 S. 292). Die erste Friedensdekade fand 1980 unter dem Thema „Frieden schaffen ohne Waffen" statt und trug das Symbol „ Schwerter zu Pflugscharen, dem Denkmal des sowjetischen Bildhauers Wutschetitsch die er in Anlehnung der Bibelsprüche Jesaja 2 und Micha 4 creiert hatte. Aufgestellt wurde dieses vor dem UNO Hauptgebäude in New York. Weitere Mottos waren 1981 „Gerechtigkeit Abrüstung Frieden" und „Angst Vertrauen Frieden" 1982. Als Antwort auf dieses Symbol wurden massive Maßnahmen dagegen im Schulischen Volkbildungsbereich ergriffen. Schüler mussten, das Symbol enthaltene

Kleber und Aufnäher entfernen. Die Konferenz der Kirchenleitungen bestätigte indessen das Symbol als Kennzeichen für die kirchlichen Veranstaltungen in der Friedensdekade:

„Die Konferenz nimmt das Vorhaben der Landesjugendpfarrer zur Gestaltung des Bußtages 1980 zustimmend zur Kenntnis. Sie sieht darin den Ausdruck erklärten christlichen Friedensengagements und weist andere Interpretationen zurück". (Tagung evang. Zentralarchiv in Berlin, EZA 101/3507, in: Rothe 1999 S. 293).

Damit fand der Gedanke einer christlich geprägten Gewaltlosigkeit, in einer friedlichen protestantischen Jugendbewegung Ausdruck. Die meisten Synoden und Gremien unterstützen die friedenspolitische Aktionsarbeit und Bildungsarbeit mit Orientierungstexten. Dadurch wurden Erfahrungen einer gesellschaftlichen Militarisierung über evangelische Sozialethik und internationale Friedensforschung reflektiert und auf der Höhe der theologischer, Friedensethischer und politischer Erkenntnisse verarbeitet. (Rothe 1999, S. 294). Die Kommission kirchlicher Jugendarbeit (KKJ) hatte eine Materialmappe mit inhaltlichen Impulsen ab der zweiten Friedensdekade in einem Arbeitskreis vorbereitet. Im Unterschied zu öffentlichen Medien veröffentlichten die innerkirchlichen Publikationen beispielsweise Fragestellungen und Ergebnisse ökumenischer Tagungen, der internationalen Friedensbewegung und der Friedensforschung. Auf diese Weise gelangten innerkirchliche Friedensbemühungen auch an die nicht-christliche Öffentlichkeit und erreichten durch ihre intellektuelle, wenngleich theologisch begründete Aufarbeitung, allgemeines Interesse. 1985 war die Friedensdekade bereits in der Hauptstadt der DDR kulturell und gesellschaftspolitisch etabliert, mit vielen Friedensgottesdiensten, Vorträgen, Seminaren und anderen Bildungsveranstaltungen, Kunst- und Kulturabenden sowie Friedensgebeten und Andachten. Insgesamt fanden zusätzlich tausende von Veranstaltungen politischer Bildung im Kontext des Themas „Erziehung und Frieden" statt, die ebenfalls eine breite Teilnehmerschaft erreichten. (Rothe 1999, S.294) Der kirchlich verfasste Protestantismus war in der DDR sozialer Träger einer DDR-spezifischen Friedensbewegung, die sich schwerpunktmäßig als Bildungsarbeit und in kulturellen Formen manifestierte. Ähnlich wie Museen und Bibliotheken Besonders durch die Artikulation ihrer Oppositionshaltung gegenüber der zunehmenden Militarisierung der staatlichen und gesellschaftlichen Erziehungsverhältnisse in der DDR, hatte der Protestantismus an gesellschaftlichem

Einfluss zurückgewonnen. Dies war möglich, da die Kirche die nötige Infrastruktur wie Räume, Zeiten, Bibliotheken, Gelegenheiten, Vervielfältigungstechnik, Moderatoren und Argumentationshilfen zur Verfügung stellte. Aufgrund ihrer Offenheit und intellektuellen Zugewandtheit, sowie eines individualistischen, nicht durch Ökonomische Faktoren bestimmtes Menschenbild, bot die Protestantische Kirche, Rahmenverhältnisse für eine „demokratische" Friedensbewegung. (Rothe 1999, S. 295)

2.1.2.Friedensgruppen und Friedensseminare

Aus diesem Kontext heraus entstanden aktive Friedensgruppen. Aufgrund eines sie verbindenden gesellschaftlichen Problemdrucks, aufgrund der kurzfristigen Bewilligung von gewissen Handlungsspielräumen sowie Kontakten zu westlichen Bewegungen und Ideen als auch der strukturellen Anbindung an die Kirche war dies möglich geworden. Sie wandten sich mit zahlreichen Initiativen und Forderungen an die kirchliche- und allgemeine Öffentlichkeit, wie beispielsweise die Initiative für einen sozialen Friedensdienst 1981, die Initiative für persönliche Friedensverträge 1983 oder die Meinungsumfrage zum Kriegsspielzeug (die eigentlich verboten war). (Rothe 1999, S.296) Rückführend auf den II Weltkrieg, indem Religiosität bzw. Zugehörige einer Religion/Volksgruppe verfolgt wurde, wagte sich die Regierung nicht, zu harte Sanktionen über die Kirche zu verhängen. Das wiederum führte zur Erweiterung der Friedenspolitischen Bildung der Kirche und ihrer gesellschaftspolitischen Wirkung. Eine fortbestehende, über viele Jahre dauernde, Bildungstradition von Friedensseminaren entwickelte sich aus persönlichen Initiativen ehemaliger Bausoldaten - der Angehörigen der Baueinheiten der Nationalen Volksarmee (NVA) der DDR und Ortspfarrern. 1987 wagte das Friedensseminar einen offenen Brief an den DDR Staatsvorsitzenden Erich Honecker zu schreiben, in dem der „Mangel an Offenheit des Denkens" in der DDR –Gesellschaft beklagt wurde und der zudem eine ständige öffentliche Volksausprache mit uneingeschränkter Wahrheitsfindung forderte. (Ev. Landesjugendkonvent der Kirchenprovinz Sachsen, Brief an den Staatsratsvorsitzenden Erich Honecker, Magdeburg 1988, Abschrift Privatarchiv, Rothe 1999, S.122). Die Kirchliche Friedensbewegung erfolgte somit über die Form Politischer (Oppositions-) Bildung.

2.1.3. Friedensgebete

bildeten die spezifisch protestantische Ausdrucksform politischer Spiritualität wie sie ende der 70er Jahre vielerorts praktiziert wurde. Thematische Informationsteile mit biblischen Texten, Liedern, Klagen, Fürbitten liturgischer Gestaltung waren Bestandteil der Gebete die einen spirituellen Wert in einer geschlossenen DDR Gesellschaft verliehen. Zumindest erhoffte sich das die Kirche, die die Friedensbewegung religiös motiviert beleuchtet. Das couragierte, gesellschaftspolitische Handeln der Kirche entzündete die gesellschaftspolitischen Umbruchprozesse. Demonstrationszüge gehörten zum Ausdruck des Protestes, sie formierten sich z.b. 1989 meist in den Kirchen, die wieder einmal die nötigen und geschützten Räumlichkeiten bot. (Vgl. Rothe 1999, S. 297)

2.1.4. Konspirativer Aspekt

Die DDR Regierung Warf der kirchlichen Friedensbewegung und ihren Anhängern die außenpolitische Möglichkeit „antiimperialistischer Bündnisbeziehungen zwischen Kommunisten und Pazifisten vor. Dieser Vorwurf ermöglichte es ihr, bzw. rechtfertigte Pseudopazifisten als feindlich zu entlarven. Das Unterscheidungskriterium war, ob sich die Aktivitäten im „Kampf um die Erhaltung des Friedens" *gemeinsam* mit den gesellschaftlichen und staatlichen Einrichtungen oder bewusst *getrennt* und unabhängig von diesen geführt werden. Die Friedensdekaden wurden als Flächendeckende kampagnenmäßig organisierte gesellschaftspolitische Veranstaltungsform der evangelischen Kirchen, die nicht staatsideologisch kontrolliert war, sehr ernst genommen und dementsprechend bewacht. Während der Durchführungen waren stets alle staatlichen ebenen alarmiert. Dies erschwerte die freiheitlich-demokratische Arbeitsweise und Forderung der Kirche, die ihr Potential durch die einschränkenden Überwachungsmaßnamen nicht voll entfalten konnte. (Vgl. Rothe 1999, S.298).

2.2. Politische Bildungs- und Begegnungsarbeit der Aktion Sühnezeichen

Die Aktion Sühnezeichen gilt als eine beispiellose Institution politischer Bildung zur Vergangenheitsbewältigung nach dem 2. Weltkrieg in der DDR, die bis heute besteht. Sie ist ökumenisch orientiert und vermittelte zeitgeschichtliche Kenntnisse und friedensethische Haltungen und entstand auf Initiative des in der NS Zeit amtsenthobenen Richters Lothar Kreyssig (1898-1986). Der Gründungsaufruf

6

erfolgte am 30. April 1958 vor der Synode der evangelischen Kirche in Deutschland. Im Mai 1960 lehnte die Regierung der DDR jedoch eine Beteiligung von DDR-Bürgern an den geplanten Sühnezeichen-Diensten im Ausland ab. Nach dem Mauerbau 1961 teilte sich die gesamtdeutsche Aktion in zwei voneinander unabhängige Organisationen, die sich 1991 wiedervereinigten. (Vgl. Rothe 1999, S298 ff).

2.2.1.Arbeitsweise

1962 wurden erste Themenorientierte Aufbau- und Arbeitslager im innerkirchlichen Bereich organisiert. Mit dem Wort „Lager „ sollte an diese Orte erinnert werden. (Konzentrations- und Arbeitslager, Straflager im Nationalsozialismus). Junge Erwachsene ab 18 Jahren, etwa 500 fanden sich jährlich im Urlaub zu meist 14-Tägigen Tagungen zusammen und leisteten verschiedene „Bauarbeiten in kirchlich-sozialen Einrichtungen, Sanierungsarbeiten an Kirchen und Pflegearbeiten auf jüdischen Friedhöfen und in Gedenkstätten. Später konnten die Gruppen auch in den nationalen Gedenkstätten der DDR, den ehemaligen Konzentrationslagern Sachsenhausen, Ravensbrück und Buchenwald arbeiten. (Rothe 1999, S. 299).

2.2.2. Theologisch-andragogischer Ansatz

Der Begriff Sühnezeichen ist ein geschichtstheologisch methodischer Ansatz, der im Begriff zum tragen kommt. Er soll an vergangene und gegenwärtige Schuld und Schuldverflechtung erinnern, bezogen hauptsächlich auf die Gräueltaten in der NS-Zeit. Die Intention der Aktion Sühnezeichen war und ist es, durch ein Zeugnis das Volk Israel und andere von Deutschen beleidigte und verletzte Völker um Vergebung bitten und zur Versöhnung helfen. Zur Erinnerung der jungen Erwachsenengeneration an die nationalsozialistische Schreckensherrschaft, wurden Zeitzeugenseminare veranstaltet und Begegnungen mit Betroffenen organisiert. Die Aktion Sühnezeichen war gelungen als diakonischen "Fachverband von Innere Mission und Hilfswerk der evangelischen Kirchen in der DDR" abzusichern. Ihre Binnenstruktur war ebenfalls demokratisch durchlässig. Hauptamtliche Leiter waren meist gewählte Theologen, denen ein gewählter Leitungskreis von zehn Personen zur Seite stand. Es wurden Jahrestreffen, Lager, Seminare und Bezirksgruppen gegründet. Die Jahrestreffen entwickelten sich bald über die notwendige Funktion einer Mitgliederversammlung hinaus zu Tagungen mit hochqualifizierten Hauptvorträgen und intensiven Arbeitsgruppen. Die dort gehaltenen Referate waren eine riesige Ansammlung an friedensethischer Inspiration und politischer Aufklärung in der DDR. Sie wurden in der Sühnezeichen-eigenen Publikation „Monatsbriefe" veröffentlicht. Sie waren wichtige Quellen geistiger Information im kirchlichen Umfeld und darüber hinaus.

2.3. Staatsideologische Friedenserziehung der Christlichen Friedenskonferenz

Es existierte eine staatsloyale Friedenskonferenz (CFK), die eine ganz eigene politisch propagandistische Bildungsarbeit zwischen opportunistischen Akklamationen, zum sogenannten Friedensstaat DDR, darstellte. Diese kriminalisierte die authentische Friedensbewegung. Ire Funktionäre beteiligten sich an Tagungen der westdeutschen Friedensbewegung um die „offizielle" Position der DDR zu vertreten. Westdeutsche Friedensbewegungen wurden hingegen als ein neues Phänomen in der spätbürgerlichen Gesellschaft diskreditiert. Die CFK organisierte „Basisseminare" die auch zum verlängerten Ehrendienst des Christen in der Nationalen Volksarmee, motivieren sollten. Sie arbeitete als Sympathisantenorganisation der SED, bestehend aus christlichen Bürgern, einzelnen sogenannten progressiven Pfarrern, CDU-Mitgliedern und Vertretern der SED und bestand einzig, um kirchenpolitische Vorgaben der Parteiführung in kirchlichen Gremien aller Ebenen umzusetzen. (Rothe 1999, S. 302/303).

3. IX Bildungsreformbewegung

3.1. Volksbildung als Tabuszene

Trotz eines hohen Reformbedarfes im einheitlichen DDR-Bildungssystem, beschäftigten sich die Arbeitskreise erst in den letzten Jahren der DDR mit dem schulischen Sektor der Volksbildung. Der Staatspartei war es bis dahin gelungen den zentralistisch geführten Bildungssektor aus den kritischen Aktivitäten protestantischer Erwachsenenarbeit und Basisgruppen herauszuhalten. Da die disziplinierende Härte des Regimes die Kinder am ehesten zu spüren bekamen, sträubte man sich lange Zeit vor Veränderung und damit eingehender Gefahren. Im Gegensatz zu Themen wie „Frieden, Gerechtigkeit und Bewahrung der Schöpfung" wie auch gemeindepädagogischer Themenarbeit der evangelischen Kirche und handlungsorientierten Bildungsarbeit unter kirchlichen Dächern, die tief reflektiert und vernetzt waren, blieb die Schulproblematik dahinter zurück. Vorstöße in diesem Feld in der kirchlichen Erwachsenenpädagogik gab es im Rahmen der Kirchentage. Die Arbeitsgruppe „Dialog zwischen Elternhaus und Schule" 1987 schrieb:

„Wir sind der Meinung, dass ein neues pädagogisches nachdenken anzustreben ist, das unser Bild vom Kind ändert. Statt einseitig die Leistungen zu betonen, sind die Würde und der Reichtum der Persönlichkeit des Kindes anzuerkennen. Dies würde im weitesten Sinne die Anerkennung der selbständigen Meinungen unter Berücksichtigung der verschiedenen Interessen, Neigungen und Weltanschauungen bedeuten." (Rothe 1999, S. 334).

Gelegentliche Ost-West-Begegnungstagungen für Pädagogen, vermittelt durch Kooperationen im grün-Alternativen Spektrum fanden ebenfalls statt. Schwierig war es Lehrkräfte dafür zu gewinnen, weil diese kirchliche Kontakte meiden mussten. Bemühungen direkte Gespräche mit den Verantwortlichen der Volksbildung zu führen waren vergeblich. Unter Margot Honecker war das Bildungssystem bereits erstarrt und zu einem Tabu-Bereich geworden. (Rothe 1999, S. 335).

3.1.1. Ein staatsideologischer Impuls zur Selbstorganisation

Im Jahre 1988 geschah etwas Unverhofftes und vermutlich eigentlich nicht ernst Gemeintes: die deutsche Lehrerzeitung veröffentlichte unter der Überschrift „IX Pädagogischer Kongress einberufen" ein Schreiben, in dem aufgerufen wurde, sich an dessen Vorbereitung zu beteiligen. Der Aufruf forderte auf, sich mit neuen Ideen und Erkenntnissen einzubringen, die Erziehungs- und Bildungsarbeit weiter zu qualifizieren. Innerhalb von Gruppen und Arbeitskreisen wurden nun bildungspolitische und pädagogische Bildungsprozesse initiiert. Dazu war die

9

Selbstlegitimation mit marxistisch-leninistischen und Parteiideologischen Schriftbelegen ein wichtiges Instrument um nicht abgelehnt zu werden und sich gehör zu verschaffen. (Rothe 1999, S. 335).

3.2. Kirchliche Bildungskritik

Im Laufe der Vorbereitung des Kongresses reagierten die Kirchenparlamente sehr deutlich. Ein Beispiel ist die Synode Evangelisch –Lutherische Landeskirche Sachsen. Sie machte sich den Antrag ihres Bildungsausschusses zu eigen, indem die Erziehung zur eigenen Urteilsfindung und zur weltanschaulichen Toleranz gefordert wurde. Zwischen Courage und gebotener Vorsicht wies man auf inhaltliche Defizite in den historischen und geisteswissenschaftlichen Disziplinen hin. In einem Weihnachtsbrief führte das Konsistorium der Kirchenprovinz Sachsen die Impulse weiter und forderte zur Bildung von Gruppen auf, die sich mit dem Bildung-Brennpunktthema befassen sollten. Ein weiterer Schritt auf diesem Wege war ein außergewöhnlicher Brief der Evangelischen Jugend an Erich Honecker, indem sie deutlich die Situation der Ostdeutschen Bildungsmisere beklagten. Im Herbst 1988 gab der Bund der evangelischen Kirchen sogar eine eigenständige Analyse der Schulbücher heraus. Themenbereiche wie Familie, Arbeit, Bild des Kindes, Gesellschaft und Politik, Vorbild, Religion, Frieden, Gerechtigkeit, Heimat, Umgang mit Natur und Geschichte waren dort enthalten. (Rothe 1999, S. 336).

3.3. Kritische Gruppen

Bildungsreformerische Gruppen entstanden meist aus Einzelinitiative kirchlicher Mitarbeiter. Pädagogen gingen selten das Risiko ein, mitzuarbeiten. Im Herbst 1988 wurde zu einem Aktionstag seitens kirchlicher und unabhängiger Gruppen aufgerufen. Es sollte über Reformen im Erziehungs- und Bildungssystem der DDR diskutiert werden. Rund um eine Klausurtagung mit dem Titel „Christliche Realutopien für unsere Gesellschaft" entstand eine „ökumenische Arbeitsgruppe Bildung und Erziehung". Ein sogenanntes Impulspapier wurde entworfen und verbreitet, mit den wichtigsten Belegtextstellen aus dem offiziellen Aufruf des Volksministeriums und einschlägigen Synodenpapieren wie auch katholischen. Konziltexten, die appellativ zusammengestellt waren. Dies wurde so öffentlich wie möglich verbreitet und regte damit wiederum eine Reihe von Gruppenbildungen an. (Vgl. Rothe 1999, S. 337)

3.3.1. Ökumenische Arbeitsgruppe in Erfurt.

Ein Beispiel der Gruppenbildung ist die ökumenische Arbeitsgruppe in Erfurt. Mit Theologen und anderen Teilnehmern, darunter auch Lehrerinnen, wurde in 4 Gruppen zu Themen wie „Werteorientierung, Erziehung zur Persönlichkeit und kollektives Bewusstsein, Schulbücher für Heimatkunde und Geschichte und Militarisierung an der Schule gearbeitet. Sie wollten Die Betroffenheit zur Sprachen bringen ohne Strafbestände zu berühren. An das Ministerium für Volksbildung wurden Eingaben gemacht, um sie in Vorbereitung auf den IX Pädagogischen Kongress zu versenden. Zusätzlich ging es darum mittels zugänglicher Medien, Eltern aufzuklären und ihrerseits Kritik anzuregen. Dazu wurden weitere pädagogische Werkstätten und Gottesdienste initiiert. (Rothe 1999, S. 337)

Kritische Reflexionstexte in der DDR waren selten und wertvoll. Durch die systematische Diskreditierung „feindlicher Westliteratur" war es gelungen, zwei Lehrergenerationen von modernen pädagogischen Diskussionen abzusperren. Nur geheim hatten in vertraulichen kreisen Literaturaustausch und Begegnungen stattgefunden. Daher waren kirchliche Weiterbildungseinrichtungen mit pädagogischer Wirkung so wichtig. Wieder wurde Aufklärungsmaterial hergestellt, das zur weiteren Gruppenbildung anregte. Die Erfurter Bildungsreformgruppe produzierte insgesamt 90 Exemplare ins Land. Sie dokumentierten die brennendsten Probleme der Bildungssituation und machten wichtige Texte gesellschaftlicher politischer Bildung bekannt. Diese Publikationen traten einen Schneeballeffekt los, die eine Lawine an Eingaben von Bürgern, die sich von einer Bundes- oder Landesbehörde ungerecht behandelt fühlten, ins rollen brachte. Auch Bürger, die Anregungen für Änderungen bestehender Gesetze haben, konnten sich mit Petitionen an den Petitionsausschuss des zuständigen Gesetzgebers wenden. Die Eingaben wurden von der Arbeitsgruppe Erziehung und Bildung gesammelt und einzeln unterschrieben, um dem Vorwurf einer Kriminalisierung als Zusammenrottung zu entgehen. Sprachlich waren sie aus diesem Grund auch an den Stil der marxistisch-leninistischen Sprache angepasst. (Rothe 199, S. 338/339)

Es war ein Versuch innerhalb der gegebenen Machtverhältnisse Veränderungen durch Dialog anzubahnen- Demokratie im demokratiefeindlichen Staat. Einige Berliner und Potsdamer Gruppen formulierten in schärferem Ton und verlangten umgehende Veränderungen. Den unterschied zeigt die Nachwendesituation, in der die berliner Texte im Vergleich zu den Erfurtern aktuell wirkten und reformpädagogische Positionen formulierten. (Rothe 1999, S. 339)

3.4. Bildungsreform als Wendemotiv

Die Bildungsreformgruppen wurden vielerorts im Raum der evangelischen Kirchen zum wichtigsten Teil der personellen und strukturellen Basis der Bürgerbewegungen und Parteien. Wenn sich eine Gruppe in Erfurt bilden wollte, bildete die Kirche den Grundstock. Häufig waren die Gruppen von Kirchenleitern geführt, da Lehrkräfte scheinbar mangelnde Gruppenleitungskompetenzen aufwiesen. Gruppen und Kirchenführer saßen während des gesellschaftspolitischen Umbruchs auch in „Runden Tischen der Pädagogik auf Stadt- und Bezirksebene" zusammen und entwickelten mit viel Aufwand situationsgerechte reformpädagogische Konzeptionen für eine neue demokratische Schule. Lehrkräfte hingegen warteten zumeist ab, was da in Zukunft kommen würde.

Nach der Wende hatten alle Reformpapiere keinen Bestand mehr gegen die hochentwickelten Strukturen westdeutscher Länder. Die westlichen Konzepte wurden eingeführt, und es kam zu einer Schulreform von oben, statt von unten. Das bedeutet, die Folgen der Übernahmeregelung waren wohl gerechtfertigt, da die Funktionsträger innerhalb der alten Bundesländer kaum Berührung mit gesellschaftskritischen und reformpädagogischen Bemühungen hatten. Gleichzeitig gingen damit alle Bemühungen und Fortschritte in der DDR vorerst ins Leere.

4. Fazit

„In den pädagogisch - andragogischen Selbsthilfegruppen hatte sich das lebensgeschichtlich verankerte Aufklärungsprojekt einer Elterngeneration manifestiert, die im Engagement für ihre Kinder eigene Kränkungen und Unmündigkeit überwinden wollte, die sie im repressiven DDR-Schulsystem einst selbst erlebt hatte." (Rothe 1999, S. 340)

Leider gingen diese jahrelangen Bemühungen nach der Wende sang- und klanglos unter, aufgrund der Einführung westlicher Bildungskonzepte, die denen der DDR weit voraus waren. Wie groß der Anteil an der Friedensbewegung von kirchlicher Seite war, ist aufgrund der unterschiedlichen Organisationsbewegungen und der nicht immer zentralisierten Koordination dieser, schwer nachvollziehbar. Jede Sichtweise der individuellen, damals aktiven Persönlichkeiten, stellt einen anderen Blickwinkel dar. Daher gilt: keine Sichtweise ist definitiv, dennoch kann sich nach wissenschaftlicher Nachforschung die Kirche aufgrund ihrer ausnahmsweise günstigen Situation in dieser Bewegung, einen großen Teil der zumindest organisatorischen, räumlichen und Situationsbedingten Initiierung und Unterstützung zuschreiben. Die damalige evangelische Anthropologie sah im Individuum vor allem den freien Menschen und nicht den nur durch Ökonomie bestimmten Menschen des Sozialismus. Gleichwohl blieb ihr nichts anderes übrig, als sich an den Parametern einer nicht-demokratisch, sozialistisch ausgerichteten Gesellschaft entlang zu orientieren, zu messen und in Opposition zu gehen.

5. Bibliographie

Olbrich, Josef. 2001.Geschichte der Erwachsenenbildung in Deutschland. Opladen: Leske + Budrich Verlag

Rothe, Aribert.1999. Evangelische Erwachsenenbildung in der DDR und ihr Beitrag zur politischen Bildung. Leipzig. Evangelische Verlagsanstalt

Rothe, Aribert.1999. Evangelische Erwachsenenbildung in der DDR und ihr Beitrag zur politischen Bildung. Exemplarische Quellentexte. Leipzig. Evangelische Verlagsanstalt

Zils, Frank. 1997. Kirche und Erwachsenenbildung. Frankfurt am Main: Europäischer Verlag der Wissenschaften

Seitter, Wolfgang. 2007. Geschichte der Erwachsenenbildung. Bielefeld: W. Bertelsmann Verlag GmbH & Co. KG

Internetquellen:

Institut für Friedenspädagogik Tübingen:
http://www.friedenspaedagogik.de/themen/vormilitaerische_erziehung_in_der_ddr/fri edensarbeit (29.03.2011)

Netzwerk Friedenskooperative:
http://www.friedenskooperative.de/ff/ff01/4-61.htm (29.03.2011)

Die Friedensarbeit der Kirchen in der DDR als Wegbereiterin der friedlichen Revolution
Von Joachim Garstecki:
http://www.friedensdekade.de/uploads/media/Friedensarbeit.ev.Kirchen-Wegbereiterin.10.09.pdf (29.03.2011)

Jugendopposition in der DDR
http://www.jugendopposition.de/index.php?id=31